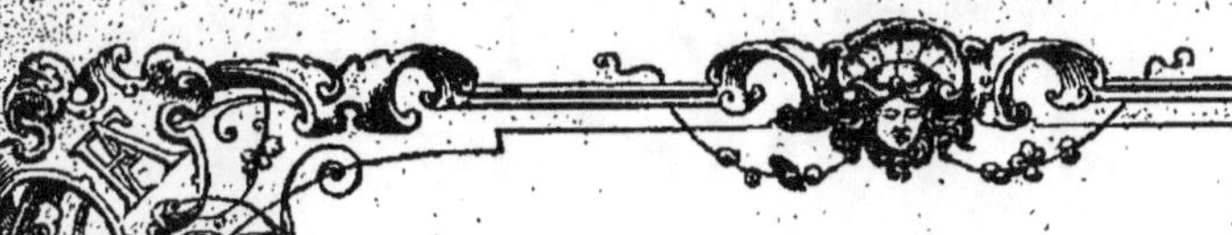

J. J. RICHAUD

LES

RESPONSABILITÉS

II

LA MISSION DIPLOMATIQUE
DE M. THIERS

Et nunc intelligite...

PARIS

AMYOT, ÉDITEUR, RUE DE LA PAIX, 8

1876

LES

RESPONSABILITÉS

II

PARIS. — IMPRIMERIE ARNOUS DE RIVIÈRE ET Cᵉ
26, rue Racine, 26.

J. J. RICHAUD

LES

RESPONSABILITÉS

II

LA MISSION DIPLOMATIQUE

DE M. THIERS

Et nunc intelligite...

PARIS

AMYOT, LIBRAIRE-ÉDITEUR

8, RUE DE LA PAIX, 8

1876

LA

MISSION DIPLOMATIQUE

DE M. THIERS

———

Il y a dans la Révolution du 4 Septembre 1870 trois faits distincts :

Le premier est le renversement de l'Empire;

Le second est la prise de possession du pouvoir par quelques individualités sans mandat;

Le troisième, enfin, est le droit, que se sont arrogé ces invidualités, de continuer la guerre sans consulter la Nation.

Or, si l'on peut prétendre, à tort ou à raison, que le premier fait, le renversement de l'Empire, a été le résultat spontané d'un mouvement populaire; si les hommes, qui devinrent le gouvernement de la Défense nationale, peuvent alléguer, avec plus ou moins de vraisemblance, qu'ils n'ont pu se soustraire à l'acclamation publique, qui les appelait à combler la vacance du pouvoir : il n'en reste pas moins constant que ces mêmes hommes

ont pris sur eux, de leur plein gré, de leur propre et libre volonté, de trancher la question de
paix ou de guerre, et que les hostilités ont été
continuées par la seule décision d'une fraction de
la gauche du Corps législatif, appartenant en to-
talité à la députation de Paris, sans que la Nation
ni ses représentants aient été consultés.

Il y a là un fait complétement distinct, qui ne
saurait être l'objet d'aucune contestation, et dont
les auteurs ont encouru la plus grave des responsabilités.

Pour que des hommes prudents, avisés, versés
dans la connaissance des lois et, par là, des conséquences légales de leurs actes : des hommes aussi
soucieux de leurs personnes et de leurs biens que
MM. Jules Simon, Ernest Picard, Jules Favre et
leurs amis, aient assumé cette responsabilité, il
faut qu'ils aient eu de bien puissants motifs, et
qu'ils se soient cru bien sûrs de réussir.

Car, en dehors même de toute autre considération, une réserve particulière semblait leur être
personnellement commandée par la part, déja
bien lourde, qui leur incombait dans les malheurs
de la France. Non-seulement ils avaient voté la
guerre et les subsides, mais ils avaient applaudi à
l'expédition d'Italie, à l'abaissement de l'Autriche,
point de départ de ces revers. La théorie des nationalités, des frontières naturelles, que l'on re-

tournait contre nous, était leur œuvre. Les erreurs les plus dangereuses sur la légende de 1792, sur les volontaires improvisés, sur la nation armée, avaient été accréditées par leurs discours et leurs écrits. La réforme des institutions militaires, l'augmentation des forces, la création des réserves, n'avaient trouvé en eux que des adversaires acharnés. Ils avaient ébranlé la discipline, détruit le respect, prédit la défaite, semé la défiance et le découragement.

Il était d'ailleurs si simple de laisser traiter l'Empire, de lui laisser faire la paix, et de le renverser ensuite, si l'on y tenait absolument. Après un pareil désastre, il était frappé à mort. Eût-il voulu employer la force pour se maintenir, qu'au lendemain de Sedan et de la paix, qui en eût été la conséquence, il n'eût plus trouvé de soldats pour le défendre. Le Parlementarisme n'était pas encore venu lui rendre sa raison d'être. Déjà bien ébranlé auparavant, il s'affaissait de lui-même, et le pouvoir allait forcément aux chefs de l'Opposition, à ceux qui composèrent le Gouvernement nouveau. Le général Trochu était tout désigné pour le ministère de la Guerre, comme M. Jules Simon pour celui de l'Instruction publique, comme M. Thiers pour la présidence du Conseil.

Que si cependant la chute de l'Empire ne pouvait être ni retardée, ni empêchée; si des considérations majeures faisaient regarder son élimination comme nécessaire avant les négociations pour la paix : il était tout naturel de convoquer d'urgence une Assemblée nationale, destinée à statuer ; de maintenir provisoirement l'ancien Corps législatif, comme pouvoir régulier et reconnu, au moins vis-à-vis des Puissances étrangères, et surtout de réserver la question de paix ou de guerre, qu'évidemment la Nation seule ou ses délégués avaient qualité pour résoudre.

Par ce moyen les membres du Gouvernement mettaient leur responsabilité à couvert. Rien ne semblait plus opportun, plus simple, plus indiqué dans la situation. Ils ne procédèrent cependant pas ainsi. D'une part, ils consommèrent la dispersion des anciens pouvoirs constitués, et notamment du Corps législatif ; d'autre part, tout en convoquant une Assemblée, ils ajournèrent sa réunion à cinq ou six semaines environ ; et, sans l'attendre, ils prirent, de leur chef, des décisions capitales, qui tranchaient les questions, en engageant l'avenir de la Nation entière.

A un tel mode d'agir il faut une explication. Il n'y en a qu'une de possible : c'est que, pendant cet intervalle de cinq ou six semaines, après lequel on renvoyait les élections, il devait se produire un fait, dont on ne voulait entraver à aucun prix le développement : un fait qui, motivant la réunion, à cette époque seulement, de l'Assemblée, et son ajournement jusque-là, permettrait aux chefs du Gouvernement nouveau de se présenter devant elle, non comme des ambitieux ayant profité des malheurs publics pour s'emparer du pouvoir, mais comme des patriotes ayant rempli un devoir impérieux pour le salut du Pays.

Cela seul peut expliquer le langage tenu par M. Jules Favre à Ferrières. Autrement, son aplomb, son ton tranchant, ses affirmations superbes seraient absolument incompréhensibles.

Car, à ce moment, il ne pouvait être question de succès militaires. Tous les membres du nouveau Gouvernement avaient à l'envi accusé l'Empire d'avoir fait la guerre sans être prêt. Or, si l'on n'était pas prêt en Juillet 1870, on l'était encore bien moins en Septembre, alors qu'une moitié de l'armée avait capitulé à Sedan, et que l'autre était enfermée dans Metz; quand Toul, Strasbourg, Soissons étaient assiégées; quand l'ennemi s'avançait sans obstacle pour investir Paris, et que l'on n'avait pas encore eu le temps d'instruire, d'organiser, d'habiller seulement tous ces Mobiles, ces Gardes nationaux, ces recrues, devenus toute la ressource.

D'ailleurs, il résulte des procès-verbaux même du gouvernement de la Défense nationale qu'on n'avait aucun espoir de ce côté : à ce point que

M. Rochefort exprima, dès son entrée au Conseil, l'avis qu'il fallait faire connaître sans détour au public la vérité sur la situation militaire, et négocier la paix.

Le général Trochu allait jusqu'à déclarer, le jour même où M. Jules Favre était si affirmatif à Ferrières, qu'il ne fallait pas compter trop sur les forts de Paris, et que quelques-uns pouvaient être pris.

Si donc on remettait à cinq ou six semaines la convocation de l'Assemblée nationale, ce n'était nullement dans l'espoir d'arriver devant elle avec des succès militaires. Loin de là, — et c'est un point à noter, — tant que l'on pensa réunir l'Assemblée dans ce délai, la guerre fut conduite très-mollement, et la résistance fut à peu près négative. Elle ne reçut une impulsion vigoureuse qu'au moment où l'on décida l'ajournement indéfini des élections.

Si l'on considère en effet la conduite générale des choses, après la révolution du 4 Septembre, on voit d'abord que toute la défense, soit en province soit à Paris, est partagée en deux périodes très-distinctes, la première passive, la seconde active. A Paris surtout la différence, par suite de la situation, est nettement tranchée.

Au début, on ne rationne pas les vivres; on ne ménage ni le combustible, ni le luminaire, ni les munitions; on ne songe pas, en formant des bataillons de marche, à utiliser au dehors les éléments que pouvait fournir la Garde nationale. Loin de chercher à défendre pied à pied les avancées de la place, on laisse l'ennemi s'établir bien tranquillement en face des forts, et se retrancher dans ses positions. On ne s'occupe absolument que d'une chose: tenir derrière l'enceinte, la renforcer, en construire une seconde derrière la première, faire des barricades à l'intérieur de la ville : et voilà tout.

De même en province : pas de mesures révolutionnaires, pas de grands efforts belliqueux, pas de bouleversements administratifs. On attend, avec un calme relatif, les événements, comme des gens qui ont leur affaire assurée , et l'on se prépare bien légalement à la convocation annoncée de l'Assemblée.

Puis, un mois écoulé, vers le commencement d'Octobre, tout change brusquement. Plus d'Assemblée : elle est ajournée indéfiniment. Partout la guerre sans trêve, la résistance à outrance, les mesures révolutionnaires. A Paris, on se prépare aux sorties, au rationnement, aux privations. En province, M. Gambetta arrive; et, comme on connaît son peu d'énergie et de consistance, on le fait accompagner par M. Ranc, l'homme d'action, l'homme de confiance, l'agent des missions secrètes : Ranc, qui a pour instructions de faire marcher Gambetta, de le pousser, de le maintenir, et d'aviser, au besoin, s'il bronche.

Que s'était-il donc passé dans l'intervalle, et quelle était la cause de cette brusque évolution ?

———

La révolution du 4 Septembre 1870 ne fut pas un acte spontané de la population surexcitée par la nouvelle de la capitulation de Sedan. La sédition était préméditée depuis longtemps. La guerre et les désastres, que chacun craignait, que quelques-uns espéraient, devaient fournir l'occasion. Le personnel chargé de l'exécution était le même que l'on retrouva depuis dans les émeutes du 31 Octobre 1870, du 22 Janvier 1871, et dans l'affaire dite de la Commune.

L'insurrection devait éclater au premier revers. Un malentendu, un excès de zèle faillit la produire le 7 Août 1870, au lendemain des batailles de Wœrth et de Forbach. Des considérations supérieures la firent ajourner après les malheurs plus complets, qu'il était dès lors facile de prévoir, et qui motiveraient, dans l'intérêt de la France même, une résolution active.

Car, il faut le reconnaître et le dire hautement, ce n'est pas l'ambition seule qui guidait alors les

hommes qui allaient devenir le gouvernement de
la Défense nationale. Quels que fussent leurs sentiments à l'égard de l'Empire, et leur désir de
pouvoir, ils n'auraient jamais osé assumer la responsabilité d'une révolution dans un tel moment :
jamais ils n'auraient osé sanctionner cette révolution, l'organiser, la diriger, s'ils n'y avaient vu
une mesure de salut public. Ils étaient de très-
bonne foi, convaincus qu'ils agissaient pour le
mieux, qu'ils faisaient preuve d'habileté et de
patriotisme, et qu'ils se créaient ainsi des titres
ineffaçables à la reconnaissance de la Nation.

Malheureusement, avec les meilleures inten-
tions du monde, ils se trompaient. Ils se trompaient tout comme Napoléon III s'était trompé,
lorsqu'il avait compté sur la neutralité de l'Allemagne du Sud, lorsqu'il avait cru à la possibilité
de recommencer en 1870, contre la Prusse seule,
la campagne qu'il avait exécutée en 1859, contre
l'Autriche seule. Ils se trompaient autant et plus
encore que l'Empereur qu'ils renversaient : et
l'erreur, qu'ils commettaient, allait devenir, à
son tour, le point de départ de nos nouveaux
malheurs.

Cette erreur, du reste, ne leur était pas personnelle. Elle était celle d'un nombre assez considérable d'hommes politiques, et avait pris nais-
sance dans l'esprit du plus éminent d'entre eux, de

M. Thiers, qui en fut le véritable auteur, et qui seul en rendit la réalisation possible.

M. Thiers, en effet, était, à cette époque, en possession de toute la confiance des différentes fractions de l'Opposition. Il en était l'homme d'État, l'oracle. Sa réputation, sa popularité étaient plus grandes que jamais. C'était l'homme de l'opinion, l'homme nécessaire du moment. Il était absolument sûr d'être porté au pouvoir quoi qu'il arrivât, d'être imposé à l'Empire, que l'Empire le voulût ou non. Sous ce rapport il n'avait certainement aucun intérêt à sa chute.

Quand arrivèrent cette chute et la révolution du 4 Septembre, M. Thiers se trouvait positivement l'arbitre de la situation. S'il l'eût voulu, le Corps législatif ne se serait pas dispersé ; il aurait continué de se réunir, sinon à Paris, du moins en province. La prise de possession du pouvoir par le nouveau Gouvernement n'eût pas été absolue, sans contrôle et sans partage ; et, par suite, la question de paix ou de guerre n'eût pas été tranchée sans l'avis de la Nation, ou de ses représentants.

La majorité des membres de la Chambre était toute disposée à maintenir ses droits : il n'eût fallu, pour la décider à agir, qu'un chef et un peu d'énergie. On aurait obtenu par ce moyen un triple avantage : d'abord toutes les questions auraient été réservées, aussi bien celle de la forme du gouvernement que celle de la guerre.

En second lieu, on eût maintenu en face de l'ennemi, et surtout des neutres, un pouvoir régulier, avec lequel des négociations auraient pu être entamées, en attendant la convocation d'une Assemblée nouvelle.

Enfin, en procédant ainsi, on évitait toute confusion d'idées, toutes récriminations. Les défaites, les désastres, l'invasion, les pertes d'argent, les pertes de territoire, s'il y en avait, tout cela était au compte des Napoléon. Il n'y avait place pour aucune contestation, et les responsabilités ne pouvaient faire l'ombre d'un doute.

L'esprit le moins clairvoyant eût été frappé de l'utilité, de l'opportunité d'une telle conduite. M. Thiers ne fut pas de cet avis. Il pria, il supplia le Corps législatif de se séparer sans mot dire, et de laisser le champ libre au nouveau Gouvernement; et ses objurgations, ses appels au patriotisme des Députés eurent, à sa grande satisfaction, un entier succès.

Il était, en effet, intimement convaincu que, dans l'intérêt de la France, il y avait bien mieux à faire; et la réalisation, au moins apparente jusque-là, des prévisions qu'il avait émises, le confirmait singulièrement dans sa manière de voir.

Non qu'il eût prévu précisément ce qui arriverait : l'expression ne serait pas juste; mais il avait eu une vue partielle de ce qui pouvait arriver; et cette vue partielle, justifiée dans une certaine mesure par l'événement, lui avait inspiré sur l'ensemble une conception fausse, qu'il réussit à faire partager à ses amis politiques. C'est la conception qui a présidé à sa mission diplomatique.

———

M. Thiers ne s'attendait nullement à un écrasement militaire de la France comme celui qui eut lieu. D'abord, partageant l'erreur générale, lors de la réforme militaire, il n'avait pas vu, plus que les autres, que la véritable cause des succès de la Prusse était dans la rapidité foudroyante de mobilisation, bien plus que dans le système de recrutement. Ensuite, il n'ajoutait pas foi à l'effectif formidable des forces prussiennes. Au Corps législatif, il traitait cela de fantasmagorie de chiffres. D'après lui, on pouvait se rassurer : notre armée suffirait pour arrêter l'ennemi; derrière elle le Pays aurait le temps de respirer et d'organiser tranquillement ses réserves : on aurait toujours bien deux ou trois mois.

Ce n'était donc pas le choc militaire qui inspirait des craintes à M. Thiers, et lui faisait annoncer une catastrophe finale. Au contraire, il croyait volontiers au triomphe initial de nos armes. Mais ce triomphe même devait à ses yeux, — et en cela, le cas échéant, il eût eu raison, — ce triomphe devait être le principe des plus grands revers, parce que le jour où les Français victorieux franchiraient le Rhin, ils se trouveraient en présence d'une coalition européenne. Donc l'Empire était enfermé dans ce dilemme : ou il était vaincu par la Prusse, et le contre-coup à l'intérieur n'était pas douteux ; ou il était victorieux d'abord, et, l'intervention de l'Europe coalisée ne tardant pas à changer la victoire en défaite, le second Empire disparaissait comme le premier, devant une invasion.

Cette histoire de la fin du premier Empire, qu'il avait retracée lui-même, était toujours présente à la pensée de M. Thiers : elle déterminait son opinion. Il se rappelait que, depuis la chute du premier Napoléon, l'Europe avait vécu en paix, et que, depuis l'avénement d'un autre Napoléon, elle était toujours en guerre, ou sous le coup de la guerre. Il était profondément convaincu que l'Europe regardait l'existence de la dynastie Napoléonienne comme le principe de cet état de choses, et que, si elle était mal disposée à l'égard de la France, c'est qu'elle la considérait comme complice de la dynastie. Par conséquent le renversement des Napoléon, en fermant l'ère

2

de la guerre, était nécessaire pour nous rendre les sympathies des autres puissances. C'était, pensait M. Thiers, la condition préalable d'une intervention efficace; et comme le maintien de la France est nécessaire à l'équilibre européen, on ne manquerait pas, cela fait, de s'interposer et de mettre un frein aux convoitises de la Prusse. Il en serait cette fois comme en 1815, où la même Prusse voulait déjà démembrer la France, et où les autres puissances l'en avaient empêchée, principalement la Russie.

Telle est l'idée qui conduisit à la conception de la mission diplomatique de M. Thiers. Il suffisait, l'Empire tombé, de tenir assez longtemps pour que l'Europe pût se prononcer. Paris sauverait la France en arrêtant l'ennemi sous ses murs. Que Paris tînt assez pour que M. Thiers eût le temps de faire sa tournée, c'était suffisant.

Nul besoin, par conséquent, d'en appeler immédiatement à la Nation, ce qu'on eût dû faire, et ce qu'on eût fait sans cela. Il fallait le délai nécessaire au voyage. On remettait donc à un mois, cinq semaines environ, les élections qu'alors on était bien décidé à faire. On se présenterait à cette époque devant les députés de la Nation, avec cette gloire immense d'avoir sauvé l'honneur et l'intégrité du Pays, d'avoir réparé les fautes de l'Empire.

Un mois suffisait. Il était donc inutile de rationner les vivres dans Paris, de défendre les alentours. On se bornait à renforcer l'enceinte ; on en construisait une seconde au dedans. Empêcher l'ennemi d'entrer dans la Capitale était tout ce qu'il fallait. Paris sauvait la France, et Paris était sauvé lui-même — détail important — grâce aux fortifications de M. Thiers, à ces fortifications qu'on lui avait tant reprochées.

Par un motif analogue, c'étaient uniquement les députés de Paris qui composaient le gouvernement improvisé. M. Thiers seul restait en dehors, nominalement du moins. Mais cela même était la conséquence de l'idée en vertu de laquelle on procédait. Si M. Thiers eût été ostensiblement du Gouvernement, il n'en eût pu être que le chef, le président ; et, s'il eût été le président, il n'eût pu s'éloigner de la Capitale à la veille du siége, pour faire un long voyage à l'étranger.

Et puis, il était bien plus brillant d'aller, simple petit bourgeois, provoquer près des Cabinets européens l'intervention qui devait sauver la France des fautes de ces Majestés Napoléoniennes qui, en 1851, avaient mis à l'écart M. Thiers avec tant de sans-façon : et cela, pendant que les fortifications, son œuvre, étaient le dernier rempart de la Patrie. Quelle revanche pour le petit bourgeois ! quelle reconnaissance pour le grand patriote ! quelle admiration pour l'homme d'État !

Tous les membres des Gauches, tous ceux du nouveau gouvernement, partageaient ces idées. Pleins de confiance dans la capacité de M. Thiers, dans sa science d'historien, dans ses talents de diplomate, ils étaient, comme lui, profondément convaincus qu'il fallait d'abord en finir avec ces Napoléon, symboles et synonymes de guerre, ce qui rendrait les sympathies de l'Europe, puis attendre que ces sympathies eussent le temps de se manifester, à l'appel de l'illustre voyageur.

Leur sincérité à tous était entière, leur bonne foi parfaite ; on ne saurait trop le répéter : au moment où ils prenaient ces résolutions, le succès ne faisait aucun doute pour eux ; ils étaient intimement persuadés qu'ils assuraient ainsi l'intégrité de la France. De là vint le langage tenu par M. Jules Favre à Ferrières, langage tant admiré alors, tant reproché depuis, sans plus de raison : car il n'était que l'expression de la conviction générale, et l'écho de M. Thiers.

Cette conviction, cette certitude du succès expliquent seules pourquoi, sans y être contraints par rien, des hommes politiques ont assumé spontanément la responsabilité de pareils événements. Ils jouaient une terrible partie, et il s'agissait pour eux de ne pas se tromper. Car, si par malheur ils se trompaient, il n'y avait guère d'apparence qu'ils pussent se soustraire aux conséquences de cette responsabilité. Il leur fallait un concours invraisemblable de circonstances, sans lesquelles la plus extrême habileté n'eût pas suffi. Pouvaient-ils un seul instant espérer alors qu'une Assemblée viendrait qui, nommée pour réagir contre les agissements du gouvernement de la Défense nationale, ne trouverait rien de mieux que de confier le pouvoir à l'inspirateur, à l'âme, au chef réel de ce gouvernement ? Pouvaient-ils supposer que cette Assemblée se laisserait prendre à quelques dissentiments passagers entre M. Thiers et M. Gambetta, et qu'elle ignorerait que la guerre à outrance n'était en réalité que la peur à outrance, la peur d'avoir à rendre des comptes, la peur de perdre ses places et ses grades, la peur de voir la France, se retrouvant elle-même, dotée d'un gouvernement qui ferait justice ?

Jamais M. Thiers et M. Gambetta n'ont eu d'antagonisme réel : et ils n'en peuvent avoir, étant liés tous les deux, comme le sont tous les hommes du gouvernement qui a pris sur lui de continuer la guerre, sans consulter la Nation. Il est vrai qu'à un certain moment, à la fin, M. Gambetta se crut sacrifié, abandonné, jeté par-dessus bord, et que, pusillanime, très compromis, mal entouré, et bien moins perspicace qu'on ne le dit, il tenta de continuer seul les hostilités après la capitulation de Paris.

Mais on lui dépêcha M. Jules Simon, le grand politique de la troupe ; et M. Simon lui expliqua que, s'il persistait, les Prussiens occuperaient Paris, et qu'il n'y aurait plus de gouvernement, partant plus d'armistice, plus de traité ; que les forces ennemies, d'une supériorité écrasante, allaient marcher en avant dès le retour du printemps, et ne tarderaient pas à acculer la résistance dans le sud-est, dans le bassin du Rhône, où se concentrerait bientôt tout le pouvoir du Gouvernement de province ; que les populations ne voulaient plus de la guerre ; qu'elles se révolteraient contre ce Gouvernement ; qu'il en résulterait une violente réaction, et que la conséquence — aucun pouvoir n'étant plus constitué de façon à pouvoir traiter — serait un appel au peuple qui, selon toute probabilité, ramènerait l'Empire, ce qu'il fallait éviter à tout prix. Au contraire, en laissant faire M. Thiers, en le laissant se poser en pacificateur, en sauveur, il arriverait au pouvoir ; et, une fois au pouvoir, il les tirerait tous d'affaire. Cela ne l'empêcherait d'ailleurs pas, lui Gambetta, de faire ce qu'il jugerait convenable pour conserver son prestige aux yeux de ses partisans. Loin de là, par ce moyen, et par des dissentiments concertés, il resterait maître et directeur de l'extrême Gauche, et la ferait manœuvrer au gré des intérêts communs. Ce qui fut fait.

Mais, en Septembre 1870, on n'en était pas encore là ; on n'en était pas à combiner le moyen de donner le change au public, et d'échapper aux responsabilités. Plein de confiance, on allait en avant de la meilleure foi du monde, convaincu qu'en faisant son affaire personnelle, on faisait aussi celle de la France ; et c'est d'un cœur léger qu'on refusait de traiter, intimement persuadé que le renversement des Napoléon allait assurer, mille fois mieux que leur maintien, allait déterminer une explosion des sympathies de l'Europe, et que l'on en serait quitte pour tout l'argent que la Prusse voudrait, mais sans céder ni un pouce du territoire, ni une pierre des forteresses.

Cela ne faisait pas question pour tous les personnages mêlés au mouvement. Civils ou militaires étaient également convaincus ; et, de même que M. Trochu à Paris, M. Bazaine à Metz subissait l'entraînement général.

Le maréchal Bazaine était l'ami de M. Thiers ; M. Thiers avait aidé à sa carrière. C'était la Gauche qui avait poussé M. Bazaine au premier rang, qui l'avait désigné pour chef suprême de l'armée, qui l'avait en quelque sorte imposé. Et lui, voyant l'événement confirmer au 4 Septembre les prévisions de M. Thiers, était plus que jamais plein de confiance dans sa perspicacité. On lui avait dit : Le triomphe est impossible ; on aboutira à une catastrophe inévitablement ; mais l'Europe interviendra, et votre armée sera précieuse alors ; tenez bon seulement jusque-là. Et lui, voyant les désastres et l'Empire tombé, ne voulait pas sacrifier inutilement ses hommes. Il attendait, il faisait comme M. Trochu à Paris : il attendait le résultat de la mission de M. Thiers, résultat qui devait se produire dans les premiers jours d'Octobre, à l'époque fixée pour la convocation de l'Assemblée ; il avait assez de vivres pour attendre, et il les mangeait en attendant, tout comme on faisait à Paris.

Le gouvernement de la Défense nationale connaissait parfaitement sa position : il savait qu'il ne pourrait pas subsister au delà d'une certaine limite. Les journaux avaient reproduit des dépêches de Metz qui ne laissaient aucun doute à cet égard. Les Prussiens en étaient instruits, et M. de Bismark ne l'avait pas caché à M. Jules Favre. Mais on savait assez de vivres à Bazaine pour aller jusqu'au retour de M. Thiers, et c'était tout ce qu'on exigeait de lui. Tenir jusqu'à ce moment, et ensuite s'incliner, et faire incliner son armée devant la décision, quelle qu'elle fût, de l'Assemblée nationale qui serait alors convoquée, on ne lui demandait pas davantage. Bazaine, de son côté, connaissant la chute de l'Empire et la situation de la France, et croyant à son salut suivant

M. Thiers, était tout disposé. Aussi M. Jules Favre, à Ferrières, l'appelait-il : notre glorieux Bazaine.

Ce ne fut que plus tard, après l'échec complet de M. Thiers, qu'il fallut faire à Metz ce que l'on fit à Paris, songer à prendre un parti. A Paris, on expédia M. Gambetta en province, et l'on se mit à la guerre. A Metz, Bazaine avait mangé ses chevaux et ses vivres ; il n'avait plus qu'une chose à faire : sauver la vie de ses hommes en traitant le mieux qu'il pourrait. Et, comme les Prussiens, forts de l'immense supériorité que venait de leur donner l'erreur diplomatique de M. Thiers, refusaient de traiter autrement qu'au nom du seul gouvernement reconnu par eux, l'Empire : comme ils n'acceptaient le Maréchal qu'en vertu des pouvoirs à lui conférés par l'Empire, il fallut en passer par là.

De là vint plus tard l'attitude de M. Thiers relativement au procès ; et, si M. Bazaine eût mieux compris son affaire, ou s'il eût été mieux conseillé, toutes questions de droit militaire à part, les choses eussent paru sous un tout autre aspect.

Le Gouvernement prussien n'ignorait rien de tout cela. M. Thiers ne faisait pas, au début de la

guerre, mystère de ses idées et de ses espérances.
Mais M. de Bismark se souvenait d'une chose
qu'oubliait M. Thiers : c'est que, si l'Europe s'était
opposée, en 1815, au démembrement de la France,
c'était en faveur de la Monarchie restaurée; et il
pensait, avec assez de vraisemblance, que, s'il s'é-
tait agi, au lieu du gouvernement des Bourbons,
du gouvernement de MM. Gambetta, Simon,
Rochefort et autres, les inclinations eussent été
quelque peu différentes. Aussi ce fut avec un calme
parfait, et non exempt d'ironie, qu'il accueillit les
dissertations académiques de M. Jules Favre à
Ferrières.

En voyant le renversement de l'Empire, la com-
position du nouveau gouvernement, la mission de
M. Thiers, en un mot la réalisation complète des
idées de celui-ci, M. de Bismark avait compris la
faute commise par les hommes qui venaient de
prendre la direction des affaires, et la situation
dans laquelle ils ne tarderaient pas à se trouver.
Par le langage de M. Jules Favre, par celui des
meneurs du parti et de ses journaux, par tout ce
qui lui laissait voir que ce qu'on redoutait le plus
était le retour de l'Empire, dont on ne croirait pas
la chute trop payée par la perte de deux provinces,
il entrevit tous les bénéfices de la position, et le
parti à en tirer.

La force des choses ne tarderait pas à créer à

ses adversaires des préoccupations particulières, notamment celle de conserver la forme de gouvernement qu'ils avaient inaugurée, et, partant, de se maintenir au pouvoir, eux ou les leurs. En tenant compte de ces préoccupations, on pourrait sans doute arriver à un traité qui, en donnant à la Prusse tous les avantages actuels, lui laisserait sa liberté pour l'avenir, et réserverait des éventualités dont on pourrait ultérieurement profiter, s'il y avait lieu.

En d'autres termes, M. de Bismark comprit qu'il pourrait d'abord traiter aux conditions les plus avantageuses. Puis, quand il aurait touché l'argent, assimilé les territoires, élevé ses fortifications, perfectionné son armée et sa marine, préparé son terrain, il pourrait, s'il le jugeait convenable, aviser à retrouver son heure. Car, pour des alliances franches, solides et durables, rien n'était moins propre à en faire regagner à la France que le Parlementarisme démocratique, avec ses incertitudes et ses perpétuelles variations. La Nation elle-même se fatiguerait des agitations et de la stérilité d'un tel régime. D'un autre côté, par crainte de déplaire à la Prusse et de provoquer ses susceptibilités, on mettrait bien des ménagements et un temps bien long à reconstituer les défenses du Pays; et, en tout état de cause, il y aurait toujours possibilité, si cela semblait utile, de trouver l'occasion ou le prétexte, pour aviser à demander, d'une manière plus ou moins détournée, de nouvelles sûretés, des gages, que sait-on ?

La première difficulté s'éleva en Juillet 1874, à propos de l'Espagne et de la reconnaissance du maréchal Serrano ; la deuxième au printemps de 1875. La Russie et l'Angleterre intervinrent alors, et obtinrent de détourner, tout au moins de suspendre les destins. C'est là que nous en sommes...

———

M. de Bismark laissa donc bien tranquillement le nouveau gouvernement s'installer, et M. Thiers se mettre en route pour sa tournée européenne. Il se garda bien de s'y opposer ; il n'avait, en effet, guère à s'en tourmenter ; et il est difficile de comprendre comment des hommes intelligents, instruits, versés dans les affaires, ont pu commettre une pareille erreur d'appréciation.

L'Europe de 1815 n'était pas l'Europe de 1870. L'Italie n'était encore qu'une expression géographique ; l'Angleterre jouait sur le Continent un rôle militaire considérable : avec ses troupes marchaient de nombreux alliés ; l'Autriche restait toujours le grand Empire d'Allemagne, tandis que la Prusse n'était, comparativement, qu'une puissance de second ordre ; la Russie avait été, sinon le seul, du moins le premier et le principal agent des désastres de l'Empire.

En 1870, rien de semblable : la Prusse, seule avec ses alliés Allemands, avait triomphé des Napoléon. Seule attaquée, ayant combattu seule, elle avait seule à traiter. Seule aussi elle était prête à la lutte, avec des forces formidables en campagne. L'Angleterre n'avait pas d'armée; en cas de conflit général, les États-Unis d'Amérique, qui semblaient alors livrés à l'influence allemande, pouvaient la tenir en échec. La Russie poursuivait son dessein, suivi depuis 1856 sans interruption : l'annulation des résultats de la guerre de Crimée. L'Italie et l'Autriche se faisaient équilibre.

Et puis, toute autre considération à part, en 1815 il s'agissait de mettre un terme à une période de guerre et de révolution, qui datait de plus de vingt ans. Il s'agissait de faciliter, d'aider, de ne pas rendre impossible le rétablissement de la Dynastie, dont toutes les autres se regardaient comme solidaires. Il y avait là pour tous les Souverains un intérêt majeur qui primait tout le reste. En 1870, au contraire, on demandait la reconnaissance, la consécration d'une insurrection, au profit des chefs de cette insurrection, qui n'avaient même pas cru devoir demander la ratification de la Nation.

C'est ce que l'État-major prussien exposait très-clairement peu de jours après le 4 Septembre, au moment même où M. Thiers se mettait en route pour sa mission. « Le bruit mis en circulation à Paris, disait le document officiel allemand, bruit d'après lequel presque toutes les puissances étrangères auraient fait des tentatives d'intervention pacifique, n'a rien de fondé. Aucune puissance, jusqu'à ce jour, n'a tenté d'intervenir, et il est peu vraisemblable qu'une intervention se produise, car elle n'aurait aucune chance de succès, tant qu'il n'y aura pas en France un gouvernement reconnu par le pays, et que l'on puisse considérer comme son représentant. Les gouvernements allemands, dont le but n'est pas la guerre, ne refuseraient pas de conclure la paix avec la France, si elle était sérieusement demandée par le Pays. Dans ce cas il s'agirait seulement de savoir avec qui on peut la conclure. Les gouvernements allemands pourraient entrer en négociation avec l'Empereur Napoléon, dont le gouvernement est jusqu'à présent reconnu, ou avec la Régence instituée par lui. Ils pourraient également traiter avec le maréchal Bazaine, qui tient son commandement de l'Empereur. Mais il est impossible de comprendre de quel droit les gouvernements allemands pourraient négocier avec un pouvoir, qui ne représente jusqu'ici qu'une partie de la Gauche de l'ancien Corps législatif. »

Il est impossible de tenir un langage plus clair, plus topique ; et l'on s'explique difficilement comment, en présence de ce langage, on ne s'est pas hâté d'en appeler au peuple, puisque cet appel au peuple était présenté par l'ennemi lui-même comme la condition préalable et nécessaire des négociations, et d'une intervention favorable des puissances neutres. Il fallait véritablement un prodigieux aveuglement, ou une prodigieuse confiance dans les idées et la personne de M. Thiers.

Et cependant toutes les raisons possibles militaient contre le choix de cette personne. En Italie, M. Thiers était connu comme le champion du pouvoir temporel des papes, et l'ennemi de l'unification italienne. En Angleterre, il était l'adversaire des traités de commerce et le soutien du régime protecteur. En Russie, il n'avait approuvé sous Napoléon III qu'une guerre, celle de Crimée, et il avait été personnellement détesté par le père du Czar actuel, qui le considérait comme le représentant plus ou moins conscient de la Révolution, et le produit des agitations dissolvantes du Parlementarisme. L'Autriche seule pouvait lui faire accueil, précisément parce que l'Italie le considérait comme son ennemi. Mais, outre que l'Autriche isolée était réduite à l'impuissance; outre qu'elle était paralysée par l'antagonisme de ses nationalités, et par les sympathies peu déguisées de sa portion allemande : M. Thiers se présentait au nom de la Révolution, ce qui suffisait pour lui ôter toute chance de réussite. Il se présentait au nom de MM. Jules Favre, Jules Simon, Ernest Picard, de leurs associés et amis, de cette Gauche qui avait donné tout son concours à la guerre de 1859, qui avait encensé Garibaldi, qui prêchait chaque jour la destruction de l'Autriche, qui avait abreuvé d'insultes et ses Archiducs, et son Empereur même.

Non-seulement donc la mission n'avait aucune chance de succès en elle-même, mais de tous les négociateurs M. Thiers était le plus mal choisi. Aussi le résultat fut-il ce qu'il devait être, l'échec le plus complet, enveloppé seulement de ces formes polies, dont la diplomatie ne se départit jamais, et dont les Russes surtout ont le secret. Partout M. Thiers se heurta à la même réponse, à celle que l'État-major prussien avait formulée dès le début : « Nous ne pouvons rien faire pour un gouvernement qui ne représente jusqu'ici qu'une partie de la Gauche de l'ancien Corps législatif. Faites un appel au peuple, et nous aviserons. »

Et, lorsqu'un peu plus tard des conférences s'ouvrirent à Londres pour la modification des traités conclus à Paris en 1856, et qu'il fut question d'y envoyer M. Jules Favre, si le Vice-président du gouvernement de la Défense nationale ne s'y rendit pas, ce fut surtout parce qu'on sentait qu'en arrivant devant les représentants réguliers des gouvernements reconnus de l'Europe, il allait se heurter, lui aussi, à cette question préalable : « Que voulez-vous que nous fassions avec le délégué d'un gouvernement qui ne représente jusqu'ici qu'une partie de la Gauche de l'ancien Corps législatif? Faites un appel au peuple, et nous vous accueillerons. »

Or, c'est de quoi les hommes du gouvernement de la Défense nationale ne voulaient à aucun prix. On leur aurait dit aussitôt : Pourquoi avez-vous renversé l'Empire, s'il en est ainsi? Il fallait lui laisser faire la paix, sauf à voir ensuite. Pourquoi avez-vous refusé d'une façon si hautaine de négocier à Ferrières? Maintenant Strasbourg, Toul, Soissons ont capitulé; Metz va succomber à son tour; Paris est investi; d'immenses ravages ont été faits; l'ennemi est sur la Loire. Nous allons payer bien plus cher, et subir des conditions bien plus onéreuses. Encore une fois, pourquoi avez-vous pris le pouvoir, si c'était pour venir, au bout de quelques semaines, dire : « Nous nous sommes trompés, il fallait traiter. »

C'était tout au moins la fin de leur carrière politique. Ils ne se faisaient point d'illusion à cet égard. Et, comme l'appel au peuple, réclamé par la Prusse et les autres puissances, pouvait fort bien, dans ces circonstances, ramener l'Empire, ils se souciaient moins que jamais d'en finir. Il y parut bien dans les négociations ouvertes à la fin d'Octobre, à la suite de la capitulation de Metz. Elles furent rompues sous des prétextes spécieux, malgré le vœu de la population, et bien que les Prussiens n'aient pas laissé ignorer un instant combien la prolongation de la guerre aggraverait les conditions de la paix.

M. Thiers, qui savait à quoi s'en tenir sur ces aggravations et sur la catastrophe finale, n'eût pas mieux demandé que d'en rester là. Il n'avait pas figuré en son nom personnel dans le gouvernement. Il eût volontiers laissé entendre qu'il n'avait été qu'un médiateur officieux, qu'un simple particulier, ayant oublié son âge et les fatigues du voyage, pour se dévouer au salut public et réparer, par sa vieille expérience, les entraînements d'un gouvernement trop imbu des légendes républicaines.

Mais il avait affaire à forte partie, dans la personne de MM. Simon et Favre surtout. Ils ne lui laissèrent pas ignorer qu'ayant agi par ses conseils, ayant été amenés où ils en étaient par leur confiance en lui, ils n'entendaient pas qu'il séparât son sort du leur, et qu'ils réussiraient ou tomberaient ensemble. Il fallut en passer par là; et, dès lors, M. Thiers se trouva rivé pour toujours aux membres du gouvernement de la Défense nationale.

Il y eut plus d'une scène de ce genre en cette affaire. La plus remarquable fut la séance de l'Assemblée où M. Jules Favre, fatigué d'être conspué pour son rôle dans les négociations, tandis qu'on exaltait M. Thiers, l'obligea de monter à la tribune, et de déclarer, avec des larmes dans la voix, que c'était lui, Thiers, qui avait été le véritable chef, le véritable négociateur, trop heureux d'avoir trouvé pour le seconder ce généreux ami, cet illustre ami, ce glorieux ami Jules Favre.

Le gouvernement de la Défense nationale se composa donc, en réalité, de M. Thiers, de MM. Jules Favre, Ernest Picard, Jules Ferry, et surtout de M. Jules Simon, dont il importe d'autant plus de faire ressortir l'influence que, très-prudent, très-adroit, il choisit toujours les fonctions en apparence les moins politiques : le ministère de l'Instruction publique.

Les autres étaient secondaires; c'était, chez la plupart d'entre eux, manque de jugement, ignorance, vanité ou ambition. Certains étaient des naïfs, croyant aux légendes de 1792, comme

M. Pelletan, par exemple. D'autres, comme
M. Trochu, avaient été séduits par l'appât d'un
grand rôle à jouer, tandis qu'en réalité ils ne
servaient que de couverture. Ils s'en aperçurent
trop tard.

Quant à M. Gambetta, il comptait d'autant
moins qu'il avait l'air de compter plus. Type du
parfait démagogue; rusé, et se laissant aisément
duper par quiconque le flattait et flattait son
ambition; doué d'assez de rhétorique et de beaucoup de vigueur de poumons; incapable de penser et d'agir par lui-même, mais éminemment
propre à colporter, dans un langage imagé et
retentissant, les idées qu'on lui suggérait, et qu'il
croyait utiles à son élévation; il était tout taillé
pour être un instrument parfait aux mains d'ha-
biles comme les meneurs du nouveau gouvernement. Ils le mirent en avant pour les missions
compromettantes, le faisant agir à leur gré, s'en
servant tantôt pour effrayer, tantôt pour rassurer,
sachant bien, d'ailleurs, que son manque absolu
de consistance leur permettrait toujours, s'il
devenait gênant, de le faire rentrer dans son impuissance native.

Frappé des inégalités de sa conduite, on a dit
qu'il y avait en M. Gambetta un tribun et un
diplomate. Tribun n'est pas exact : cela suppose
une énergie et une vigueur d'âme qui ne sont pas

son fait. L'expression juste est : démagogue. Il y a un démagogue et un diplomate. Le démagogue, c'est lui ; le diplomate, ce sont ceux qui sont derrière lui. De là les variations.

———

Tel est l'homme que l'on envoya en province lorsque, ayant perdu tout espoir d'une intervention des neutres, on prit la résolution de continuer la guerre.

En même temps, avec une science incontestable du caractère national, on mettait en avant ce grand mobile, auquel, en France, il suffit de faire appel : le point d'honneur. La prolongation de la défense sauvait l'honneur compromis par l'Empire. Paris sauvait l'honneur de la France. C'est le grand mot qu'on n'a cessé de répéter depuis ; et tous ceux qui ont conduit l'affaire, et leurs partisans avec eux, redisent à l'envi : Nous avons tout perdu, c'est vrai, mais nous avons sauvé l'honneur.

Cela est spécieux peut-être ; mais, si l'on avait laissé traiter l'Empire, c'est l'Empire qui eût été battu, et non la France. On aurait toujours pu dire : Vous avez vaincu les Napoléon, mais vous n'avez pas vaincu le peuple français. Tandis qu'en prolongeant les hostilités, on a engagé la Nation elle-même, on a fait d'une affaire dynastique une affaire nationale. On a perdu le prestige de la France et celui de Paris, de ce grand Paris qui en imposait à l'étranger, comme jadis Rome aux barbares, et qui a mangé son dernier morceau de pain, qui a eu faim, qui a eu froid, cinq mois durant, en offrant au monde ce spectacle nouveau d'une place forte où les assiégeants étaient moitié moins nombreux que les combattants assiégés.

Et ce n'étaient pas Paris seulement et la France : c'était la République elle-même, ce vieil épouvantail des rois, qui perdait son prestige. La nation armée, l'enrôlement volontaire, la levée en masse, la légende révolutionnaire, tout cet appareil n'était plus que fantasmagorie. Et avec la République, c'était tout ce qui s'intitulait le parti républicain, toute la Gauche, civils ou militaires, qui se montraient à l'envi impuissants et incapables : car de toute cette grande commotion il n'a surgi ni un général, ni un diplomate, — ni un homme, ni une idée.

Et après une série ininterrompue de capitulations, de défaites, de désastres, on est arrivé à une paix dont les humiliations et les rigueurs n'ont été malheureusement adoucies par aucune compensation réelle.

On dit que Paris n'a pas été occupé par l'ennemi. Mais, du moment où M. de Bismark laissait

au pouvoir le gouvernement de la Défense nationale, dont Paris était le siége; du moment où, sur
les sollicitations des négociateurs, il accordait à la
Garde nationale de conserver ses armes et ses
canons, la conséquence était l'impossibilité d'occuper l'intérieur de Paris. M. de Bismark occu-
pait les forts: il pouvait entrer dans la ville s'il eût
voulu. Il savait qu'il laissait les germes d'une
guerre civile, dont il se réservait de profiter. Il
gardait la proie et lâchait l'ombre. Il prenait la
réalité et laissait les apparences, pour le plus grand
éblouissement des badauds.

De même pour Belfort. La place de Belfort a
été, non pas concédée précisément à la France,
mais en quelque sorte compensée. Seulement,
comme il en avait été beaucoup question vers la
fin de la guerre, tant à cause du siége que comme
objectif de l'expédition de Bourbaki, on avait l'air
d'avoir beaucoup obtenu. En réalité, une fraction
de la rançon était déplacée, mais le total n'était
pas changé du tout.

De plus, la place de Belfort est loin d'avoir l'importance stratégique qu'on lui attribue. Elle vaut
surtout contre une agression venant par Bâle, en
violant la neutralité suisse, comme en 1814, 1815;
mais il n'en est pas de même contre une agression
venant de l'Allemagne actuelle, avec un ennemi
maître du Rhin, de la Lorraine et des passages des

Vosges. Belfort n'a nullement gêné les Prussiens en 1870, pour descendre à Dijon et bien au delà. Et si, en fortifiant la vallée de la Haute-Saône, on ne bouche pas la trouée existant entre Besançon et Langres, Belfort n'empêchera jamais l'ennemi de se porter des Vosges sur Dijon, et de là, en suivant la route de Dijon à Nevers, de pénétrer d'emblée au cœur de la France, en tournant Paris.

D'un autre côté, une place située sur l'extrême frontière ne peut servir de base pour une marche parallèle à cette frontière, sous peine de s'exposer à être promptement et aisément coupé. Au point de vue donc d'une attaque de la France sur l'Alsace, Belfort n'aurait qu'une importance très-secondaire ; et par conséquent, même en laissant de côté toute arrière-pensée de reprise ultérieure, l'État-major prussien ne faisait, sous le rapport stratégique, qu'un bien faible sacrifice. Il n'eût certainement pas cédé, s'il en eût été autrement.

Il en fut de même au moment de l'évacuation définitive du territoire. Longtemps à l'avance on avait dit que la Prusse exigerait jusqu'au dernier instant l'occupation de cette même ville de Belfort ; et, le moment arrivé, on eut l'air d'obtenir une concession énorme par là substitution de Verdun. En réalité, c'était tout le contraire. Verdun était un gage bien plus important aux mains de la Prusse : car c'est la seule place forte entre

Paris et Metz. Partant de Verdun, l'ennemi descend du premier saut à Sainte-Menehould, de là à Châlons. Il n'a plus alors qu'à suivre la vallée de la Marne, et il arrive en quelques étapes devant Paris : tandis que pour venir de Belfort sous les murs de la Capitale, il faut à une armée plus d'un mois, et franchir plus d'une ligne de défense.

Mais on ne réfléchit pas tant en France. On se paye volontiers de mots. Aussi, en mettant en avant le point d'honneur pour continuer la guerre, on ne pouvait faire vibrer une corde plus sensible. De même qu'on qualifie volontiers de lâche quiconque refuse un duel, le plus injuste, le plus inégal, le plus absurde : de même on qualifiait hautement de traître quiconque parlait de négocier et de cesser la lutte. Le respect humain, si puissant en France, fermait les bouches. Et l'on vit ce spectacle singulier d'une nation tout entière, faisant malgré elle une guerre sans espoir et sans trêve, jusqu'à ce qu'il plût à ceux qui s'étaient emparé du gouvernement, de décider que c'était assez.

Or, les considérations les plus aisées à percevoir indiquaient la capitulation de Paris comme le terme nécessaire de la résistance. En effet, pour échapper à l'appel au peuple, il fallait éviter la vacance du pouvoir ; pour éviter la vacance du pouvoir, il fallait que le gouvernement de Paris né fût pas fait prisonnier, et qu'il pût stipuler pour la France entière. Sinon, il n'y avait plus de gouvernement central; il n'y avait plus personne ayant autorité pour agir au nom du Pays tout entier; et l'appel au peuple s'imposait de lui-même.

C'est ce que M. Gambetta et son entourage ne comprirent pas d'abord. Mais à Paris on était plus intelligent; et l'on avait bien senti depuis longtemps que la capitulation de Paris ne devait pas être un fait particulier, mais seulement une des clauses d'un armistice général, accompagné de préliminaires de paix.

D'un autre côté, dès la fin d'Octobre 1870, M. Thiers, visant cette hypothèse, avait annoncé que cela coûterait alors cinq milliards, l'Alsace et la Lorraine. Il n'y eut ni augmentation ni diminution. Le tout se fit ponctuellement. Il n'y eut pas de surprise ; et la Nation laissa faire avec une docilité admirable.

On avait pris d'ailleurs toutes les précautions pour qu'il en fût ainsi. Dès qu'on avait connu l'insuccès de M. Thiers, on s'était hâté d'ajourner indéfiniment les élections, et, pour assurer l'exécution du décret, on avait expédié en province M. Gambetta doublé de M. Ranc. Les chefs du gouvernement de Paris connaissaient leurs hommes et les avaient choisis à dessein.

Comme cela était naturel, M. Gambetta avait pour mission d'organiser la guerre en province et la résistance à l'ennemi. Mais, par une nécessité de la position, cette résistance allait se confondre désormais avec la défense de la forme gouvernementale établie au 4 Septembre; et celle-ci, à son tour, s'identifiait avec la défense personnelle des hommes qui, ayant pris la direction des affaires, avaient assumé la responsabilité de la continuation des hostilités. L'objectif était donc double : il s'agissait à la fois de combattre l'étranger, et de s'opposer à l'avénement de tout gouvernement capable d'appliquer cette responsabilité.

Les accointances parlementaires des princes d'Orléans, leur passé, leur caractère, faisaient qu'on ne les redoutait guère. Au début même, on aurait eu plutôt quelque penchant pour eux. Et, si plus tard, après les entrevues de MM. Thiers et Jules Favre avec M. de Bismark, on prit à leur égard des mesures de rigueur : si l'on commença dès lors à travailler à leur élimination, ce fut pour de tout autres motifs que l'amour des institutions républicaines, pour des motifs auxquels on n'était pas libre de se soustraire, et dont l'exposition n'est pas la page la moins curieuse de cette histoire.

On ne craignait pas non plus beaucoup les Légitimistes, qui n'avaient point de chances sérieuses d'arriver au pouvoir, et qui, voulant d'ailleurs éviter les reproches qui leur avaient été faits après 1815, avaient pour mot d'ordre de payer de leur personne, et se faisaient tuer consciencieusement. Mais on tremblait au seul nom de l'Empire : car avec lui il n'y avait pas d'accommodement à espérer, parce qu'il était conduit forcément, dès le premier jour, à faire le partage des responsabilités.

La guerre à outrance contre l'Empire figurait donc au premier rang parmi les consignes qu'emportaient dans leurs ballons les envoyés du gouvernement de Paris. On savait les sentiments de M. Ranc à cet égard ; et, quant à M. Gambetta, on l'avait bien jugé. Comme tous les caractères faibles, la contradiction l'amène aux injures, la résistance aux violences, la peur lui fait perdre toute mesure. De plus, il tombait au milieu de gens avides de pouvoir, de lucre, de places, de grades, disposés à tout pour s'en emparer, capables de tout pour les conserver. Ils l'entourèrent, le circonvinrent, le flattèrent, s'en rendirent maîtres ; et les instructions si formelles, données à Paris, furent encore dépassées.

On sait tout ce qui se fit alors en province, les bouleversements, les violences, l'arbitraire, et aussi ces emprunts et ces marchés, conclus en telle profusion qu'on a pu se demander si emprunts et marchés étaient faits pour prolonger la guerre, ou si la guerre était prolongée pour permettre de conclure emprunts et marchés. Rien ne fut respecté, pas même ce dernier asile, ce suprême espoir, la Magistrature. Tandis qu'on s'opposait à toute convocation d'une Assemblée, on portait la main sur les Conseils, organes légaux du pays. On peuplait tout de créatures, de gens qui, ne devant leur élévation qu'au dictateur, étaient disposés à tout pour soutenir cette dictature, qu'on a qualifiée de dictature de l'incapacité, et à laquelle l'histoire ajoutera un autre nom : la dictature de la peur.

Et ce n'était pas seulement dans l'ordre civil qu'on agissait ainsi, mais aussi, et plus encore, dans l'ordre militaire. On improvisait des généraux dont le premier, souvent le seul mérite, était un dévouement retentissant au nouvel ordre de choses. On distribuait à profusion des grades, on créait des multitudes d'officiers, que le désir de conserver leur position devait nécessairement transformer en partisans. Et l'on n'avait pas assez d'invectives pour ceux qu'on appelait les capitulards, pour cette vieille armée qui souffrait là-bas, captive sur le sol étranger, mais que l'on soupçonnait d'être peut-être mal disposée pour

ceux qui, en prolongeant la guerre, avaient été
cause et des capitulations, et de la prolongation
de la captivité.

C'est que, s'il fallait tenter la victoire, tout im-
probable qu'elle fût, il fallait aussi prévoir l'éven-
tualité, chaque jour plus menaçante, de la défaite.
De là des mesures singulières comme, par exemple, la tolérance, pour ne pas dire les encourage-
ments accordés à la ligue sécessionniste, connue
sous le nom de ligue du Midi.

On sait comment la Convention apprécia semblable tentative en face de l'invasion ennemie,
et ce que la République une et indivisible fit des
fédéralistes et du fédéralisme. Mais la Convention avait en vue le salut de la France; et le pouvoir était alors aux mains des représentants
légaux de la Nation, nommés régulièrement pour
l'organiser et la défendre, et non aux mains d'une
douzaine d'individus sans mandat, que dominait
le souci de leur situation personnelle.

La Convention n'a sauvé la Révolution que
parce qu'elle a commencé par sauver la Patrie;
et elle n'a sauvé la Patrie, elle n'a assuré son
intégrité, sa grandeur, sa puissance, que parce
qu'elle a commencé par faire ce que l'on sait des
Gambetta de l'époque.

Il n'y a point en France, devant l'ennemi,
d'hommes du Nord ou d'hommes du Midi; il n'y

a que des Français. Le fédéralisme n'est que le rêve d'un petit nombre d'ambitieux prêts à sacrifier la moitié de leur patrie, pourvu que l'étranger laisse le reste à leur dictature. Ce sont eux seuls qui ont lancé ces thèses et qui les ont soutenues ; et elles n'ont été tolérées que par ceux qui voyaient dans cette sécession possible un moyen extrême de salut.

Il en est de cela comme des idées de franchises municipales, d'autonomie communale, inventées après coup pour les besoins de la cause, et qu'on a voulu donner pour prétexte à l'insurrection dite de la Commune. Rien n'est plus faux, rien n'était plus étranger aux idées du peuple de Paris. Les Parisiens, à ce moment, se préoccupaient de leur solde, de leurs loyers, de leurs échéances, de leurs moyens d'existence, et pas le moins du monde de théories abstraites, dont le sens même leur échappait. En donnant satisfaction à ces préoccupations, en écartant tous les étrangers et les gens tarés, on eût aisément empêché le conflit. Et, même le conflit engagé, on eût pu réprimer l'insurrection à Paris avec autant de facilité qu'on l'a réprimée en province, à Lyon, à Marseille, à Saint-Étienne, à Toulouse. Seulement, il n'eût pas fallu décourager la population, paralyser les bonnes volontés, faire évacuer la ville, l'abandonner tout entière à l'insurrection, livrer les remparts, livrer les forts aux insurgés.

Ce n'est pas ici le lieu d'examiner à fond cette affaire, grosse des révélations les plus inattendues. Il suffit de dire que le mouvement ne fut pas le produit naturel des circonstances, mais un mouvement tout artificiel. L'insurrection du 18 Mars ne se produisit pas plus spontanément que ses devancières du 4 Septembre, du 31 Octobre et du 22 Janvier. Ce fut un fait préparé, provoqué, dirigé au fond par les mêmes personnes, les mêmes meneurs, obéissant aux mêmes inspirations; et l'on se rappellera qu'entre le 18 Mars, et le 29, jour de la proclamation de la Commune, dix jours s'écoulèrent pendant lesquels les chefs de l'insurrection, incertains de la marche à suivre, et fort étonnés des facilités singulières de leur succès, attendirent un mot d'ordre, pour savoir s'ils devaient, ou non, aller plus loin.

Du reste, et quoi qu'il en soit au fond, il est certain que, par son intensité, par sa durée, par ses atrocités même, l'insurrection de la Commune fut la plus puissante des diversions. Pour ne citer qu'un fait, elle fournit le moyen de franchir une crise très-redoutée, celle de la rentrée de l'ancienne armée, qui, grâce aux événements, s'opéra sans encombre. Les vieux régiments furent, sous les murs de Paris, fondus avec les nouveaux; l'esprit de corps disparut; et officiers, généraux et soldats perdirent, devant le danger actuel, toute souvenance du passé.

Il est infiniment probable, pour ne pas dire certain, que, si l'on avait désarmé la Garde nationale le jour de la capitulation de Paris, comme cela eût été facile ce jour-là, et comme les gardes nationaux eux-mêmes s'y attendaient; si l'ordre avait été dès ce moment énergiquement maintenu, la marche des choses eût été tout autre à l'Assemblée nationale. Selon toute apparence, d'une part une majorité suffisante se serait trouvée alors pour rétablir la monarchie parlementaire avec les princes d'Orléans, dont la popularité n'avait pas encore subi les atteintes, fort adroites d'ailleurs, qui l'ont détruite depuis. D'autre part, la mise en accusation des membres du gouvernement de la Défense nationale n'eût pu être évitée, tout au moins pour certains d'entre eux; et l'on eût été conduit ainsi invinciblement à éclaircir les causes de la prolongation de la guerre, et à faire la part de responsabilité de chacun.

On représenta à l'Assemblée, on lui persuada que c'était la crainte de voir supprimer la République qui était cause de ce qui arrivait; que toute tentative immédiate de restauration mo-

narchique serait le signal d'une insurrection générale, d'une guerre civile ; que ce n'était qu'en
prenant des engagements à cet égard qu'on pouvait localiser l'insurrection ; que l'insurrection
se généralisant amènerait des conséquences fa-
ciles à prévoir : l'impossibilité d'exécuter les
traités, une nouvelle intervention de l'étranger, la
chute du gouvernement actuel, l'appel au peuple,
peut-être l'Empire. Et l'Assemblée, essentielle-
ment royaliste au début, entra ainsi dans la voie
des temporisations, des compromis, des ajourne-
ments, qui l'amenèrent à finir par voter la Con-
stitution du 25 février 1875.

L'obligation de sauvegarder la forme politique
qui, entre autres mérites, avait celui d'écarter la
question des responsabilités, s'imposait de plus en
plus pendant la guerre aux membres du gouvernement de la Défense nationale. Elle luttait dans
leur esprit avec les exigences du combat pour la
Patrie. Les questions de gouvernement et de personnes se mêlaient aux considérations militaires
et à celles d'intérêt public : et il en résultait des
mesures, en apparence contradictoires, qui ne
sauraient trouver d'autre explication.

Ainsi, tandis qu'on laissait se consumer inuti-

lement, dans les marécages de Conlié, des milliers
de Bretons, braves Français, on accueillait, on
armait, on payait grassement des étrangers, de
qualité fort mêlée, et à leur tête le fameux Garibaldi, bien qu'on sût à n'en pas douter que Garibaldi était loin, tout à fait loin d'être hostile aux
Allemands. Mais les Bretons, à tort ou à raison,
passaient pour n'être pas de chauds partisans de
l'ordre de choses nouveau ; tandis que Garibaldi
était l'ennemi juré des trônes. Il le disait du
moins. Dans tous les cas, cela lui fut profitable ;
et l'on pourrait écrire, sur ce républicanisme d'es-
pèce particulière, un traité qui ne laisserait pas
que d'être curieux : l'art de se dire républicain, et
de s'en faire cent mille francs de rente, octroyés
par un roi.

Mais le public ne s'inquiète pas de si peu ; et, à
ce moment, Garibaldi jouissait d'un prestige
incontesté. Aussi le garda-t-on jusqu'au bout.
Pourtant il ne fit pendant toute la campagne que
paralyser les nôtres. Tout en prodiguant les
démonstrations, tout en faisant force évolutions,
quelques-unes même sanglantes, il sut s'arranger,
en dernière analyse, pour laisser constamment le
champ libre aux Prussiens, partout où cela leur
était utile. Non-seulement il détermina l'évacuation des Vosges, de la Haute-Saône et de Dijon ;
non-seulement il découvrit le flanc droit de l'ar-

mée de la Loire, lors de la marche de Frédéric-Charles venant de Metz; mais, fait plus grave encore, c'est lui qui a laissé passer les forces ennemies, qui coupèrent la retraite à l'armée de Bourbaki.

Les partisans de Garibaldi, aidés de la crédulité publique, ont fait croire qu'il avait arrêté l'invasion, et que c'était grâce à lui que Lyon, par exemple, n'avait pas vu l'ennemi. La moindre notion de stratégie suffit pour montrer combien cela est faux. Les Prussiens ont été, il faut malheureusement le reconnaître, jusqu'où ils ont voulu, jusqu'où l'art militaire et l'ensemble de leurs opérations leur commandaient d'aller avant la capitulation de Paris. Tant que Paris tenait, ils ne pouvaient pas s'avancer davantage; et, même après sa chute, ils n'auraient pu se diriger immédiatement sur Lyon. Le mouvement indiqué, nécessaire, était une marche en avant de leur aile droite, se portant de Tours sur Poitiers et Bordeaux, et de là sur Toulouse, puis vers le Sud-Est, le bassin du Rhône. Pendant ce temps une autre armée se serait dirigée sur Bourges, Châteauroux, Nevers et le centre de la France, et eût occupé le massif montagneux de l'Auvergne, condition préalable de toute attaque sérieuse sur Lyon et le Sud-Est. Simultanément, les corps de Werder et de Manteuffel, et les troupes, que l'inévitable capitulation de Belfort allait laisser libres, seraient venus

se relier aux forces du centre. Et enfin, après l'ac-
complissement de toutes ces opérations préa-
lables, l'attaque sur Lyon aurait pu s'effectuer,
mais non plus tôt. Car les généraux Prussiens
savent leur métier; et ils ne s'aviseront jamais de
laisser à leurs adversaires un terrain comme l'Auvergne et les régions voisines pour se loger entre
leurs divers corps, et les tourner, ou les prendre
en flanc.

Cela est élémentaire, et ne devait plus avoir
besoin d'être dit, si les épreuves subies avaient
donné à la Nation les habitudes de réflexion et
d'étude qu'elle remplace par des enthousiasmes
irréfléchis et par les impressions du moment. Mais
la politique se mêlant plus que jamais à tout, on en
est venu à dénaturer les faits les plus évidents; et
les combats se transforment en victoires ou en
défaites, suivant qu'un général appartient à tel ou
tel parti, qu'il a été nommé par l'Empire, ou in-
venté par le gouvernement de la Défense nationale. De plus, ceux qui ont prolongé la guerre et
conduit les opérations ont tout intérêt à laisser
croire aux populations qui n'ont pas été envahies,
que c'est grâce à eux et aux leurs que l'invasion
ne les a pas atteintes.

C'est ainsi, par exemple, qu'on a fait, dans les
départements du Nord, une réputation au général
Faidherbe, bien que M. Faidherbe n'ait, en réalité,

pas plus protégé le Nord, que Garibaldi n'a protégé Lyon.

Trois des corps d'armée Prussiens, devenus disponibles par suite de la capitulation de Metz, les premier, septième et huitième, se dirigèrent vers le Nord-Ouest. Le premier corps alla occuper la Normandie, et couvrir de ce côté le siége de Paris et le ravitaillement de l'assiégeant. Le huitième lui succéda dans la Picardie ; et enfin le septième avait pour mission de faire le siége des places, et de s'avancer dans le Nord, parallèlement à la frontière. Il arriva ainsi jusqu'à Landrecies et Avesnes. Mais alors eût lieu la marche de Bourbaki vers l'Est, marche qui eut pour conséquence de faire rappeler de ce côté les troupes de ce septième corps, transporté subitement des confins de la Belgique aux frontières de la Suisse. C'est ce mouvement seul qui, en donnant un autre emploi aux forces destinées à l'invasion du Nord, empêcha cette invasion, et non pas les évolutions de M. Faidherbe, qui n'eurent d'autre résultat que de faire tuer du monde et ravager du pays.

En effet, le septième corps parti, restait seulement le huitième, dont la mission se bornait à couvrir le siége de Paris, et qui n'en avait pas, et n'en pouvait avoir d'autre à remplir jusqu'à la capitulation. Il eût donc suffi de quelques colonnes mobiles pour arrêter les coureurs que ce corps pouvait lancer de côté et d'autre ; et le gros des forces, que M. Faidherbe fit manœuvrer si inutilement, eût été beaucoup mieux placé à l'armée de la Loire. On s'en aperçut bien à la fin, et l'on rappela la plus grande et la meilleure partie de ces troupes, pour les transporter dans le centre, et les joindre aux débris de l'armée de Chanzy. Mais il était trop tard.

Cette ignorance complète des choses militaires, même chez les classes instruites, chez les hommes qui par leur position et leurs travaux eussent dû en posséder quelques notions, fut un des faits les plus curieux mis en lumière par les événements. Il ne fallut pas moins pour permettre la prolongation de la guerre, les espérances insensées dont se repaissait le public, et la manière dont étaient conduites les opérations, surtout en province. Un exemple, entre mille, le fera bien sentir.

Lors de la bataille d'Orléans, au commencement de Décembre 1870, les Prussiens avaient manœuvré d'abord pour couper en deux l'armée de la Loire, ensuite pour empêcher les deux tronçons de se réunir. D'où résultait, pour l'État-major français, un objectif tout tracé : celui de rapprocher les deux moitiés de l'armée, et de la concentrer à nouveau.

La moitié commandée par M. Bourbaki fit le nécessaire. Elle se hâta de gagner Gien, puis Bourges, d'où elle pouvait se porter sur Poitiers, point stratégique indiqué par la nature des lieux pour la nouvelle concentration.

De son côté, l'autre moitié, celle du général Chanzy, devait évidemment en faire autant. Elle devait se dérober au plus vite, éviter tout combat, aller passer la Loire, sinon à Tours, du moins à Saumur, aux Ponts-de-Cé, plus loin s'il eût fallu, pour de là gagner Poitiers, où l'armée se serait retrouvée tout entière, et rétablie hors du cercle d'action dont l'ennemi ne pouvait sortir, tant que Paris n'avait pas capitulé. On eût conservé ainsi à la France cette armée, dont l'existence, au moment des négociations, eût permis peut-être de traiter avec d'un peu meilleures conditions.

Les Prussiens savaient fort bien que c'était là le danger; et, pour y parer, dès le lendemain de la reprise d'Orléans, d'une part il firent passer une portion de leurs forces sur la rive gauche de la Loire; d'autre part, voyant Bourbaki leur échapper, ils enjoignirent au duc de Mecklembourg de retenir à tout prix Chanzy par des combats incessants, et de diriger ces combats de manière à se loger entre lui et la Loire. De cette façon, Bourbaki étant maintenu dans la direction du sud-est, Chanzy se trouverait rejeté dans la direction opposée, vers le nord-ouest, vers le Perche, et la séparation de notre armée serait consommée sans retour.

Cela réussit de point en point. Par conséquent M. Chanzy avait éprouvé un échec complet, ou plutôt il n'avait rien compris du tout au plan des Prussiens. Il avait été où l'ennemi l'avait poussé pour l'achèvement de ses desseins stratégiques. Dans tous les cas, il n'y avait rien là qui révélât autre chose qu'un général d'ordre secondaire, porté par les circonstances à un commandement au-dessus de sa capacité.

C'est pourtant de là que date la célébrité de M. Chanzy et sa mise hors de pair : et que fallut-il pour cela ? deux lignes d'une dépêche adressée par M. Gambetta au gouvernement de Paris. On y lisait que Chanzy, luttant depuis plusieurs jours, avec une indomptable ténacité, contre le duc de Mecklembourg, avait réussi à se réfugier dans le Perche, et qu'il s'était ainsi révélé le véritable homme de guerre de la France.

C'en fut assez. Personne n'en demanda davantage. Personne ne s'avisa que, le mouvement opéré par M. Chanzy étant précisément le désideratum des Prussiens, c'était une singulière façon de se révéler grand stratégiste. Personne ne réfléchit, ne regarda une carte. Et depuis lors, M. Chanzy, un brave officier qui se ferait volontiers tuer à la tête de ses soldats, mais qui est plus propre à commander une colonne de deux ou trois mille hommes contre des Arabes, qu'à faire la grande guerre avec des adversaires comme Voigts-Rhetz, Manstein, Frédéric-Charles, Mecklembourg et autres : M. Chanzy passe pour une autorité en matière militaire. Il écrit, il légifère. C'est un personnage, un peu bien ébloui peut-être de cette révélation de lui-même, qui n'est pas sans le surprendre un peu ; mais enfin c'est un personnage. Quand, au lendemain de la paix, on craignait le retour de la vieille armée, on l'érigea en héros de l'armée nouvelle. Il fut même question un moment d'en faire le Président de la République. En tous cas, si une guerre éclatait, on ne manquerait pas de lui donner un commandement d'importance.

Il est donc infiniment désirable que les véritables causes des revers militaires, comme des revers diplomatiques, de la France, soient élucidées, et le public édifié sur le mérite des personnages qui ont figuré dans les événements. On éviterait ainsi le renouvellement des mécomptes et des déboires de tout genre dont on eut tant à souffrir pendant la guerre.

Car c'était véritablement alors une sorte d'affolement général. On ne réfléchissait plus ; on ne raisonnait plus. Le public se laissait aller de tout cœur à toutes les espérances qu'on lui suggérait,

même les plus chimériques. Les nouvelles les plus
fantastiques étaient accueillies sans observation,
et l'on attendait, avec une confiance imperturr
bable, la délivrance qui devait en résulter.

C'est ainsi qu'après les désastres de Saint-Quen-
tin et du Mans, les Parisiens, bien qu'à bout de
vivres, étaient tout réconfortés en apprenant de
la bouche du gouvernement de la Défense nationale que Bourbaki approchait de Belfort. On
avait évidemment perdu, le Gouvernement lui-
même avait perdu le sens des distances et des
possibilités.

En supposant même que Bourbaki eût réussi
à faire lever le siége de Belfort, à quoi cela eût-il
servi ? On était au 20 janvier. Pour venir de Belfort
à Paris, au cœur d'un hiver rigoureux, avec une
armée jeune, mal outillée, mal habillée, fatiguée
déjà, il lui fallait plus d'un mois. L'ennemi ne l'eût
pas laissée marcher sans l'arrêter par de perpé-
tuels combats. Manteuffel, Werder, Treskow et
les autres auraient pu réunir une centaine de
mille hommes au moins. En outre, une partie
des forces, qui investissaient Paris, aurait pu être
détachée sans inconvénient; car, au mois de Février, la garnison de Paris n'eût plus été bien à
craindre. Non-seulement le pain, et tout ce qui y
ressemblait de près ou de loin, eût fait défaut,

mais on n'aurait même plus eu de cheval à manger.

Et quand Bourbaki, en le supposant même toujours victorieux, battant tout le monde, franchissant tous les obstacles : quand Bourbaki serait arrivé sous Paris, dans les derniers jours de Février au plus tôt, il n'aurait plus trouvé qu'un ennemi triomphant, installé dans les murs d'une cité, que lui eût livrée la faim.

Dira-t-on que, de Belfort, il se serait porté sur les communications de l'ennemi ? Cela est puéril dans la situation. C'était Paris qu'il fallait secourir. Sinon, la capitulation de Paris laissait libres des forces qui, jointes à celles de l'ennemi dans l'Est, rendaient certaine la perte des nôtres. Il n'y avait pas à penser à se jeter dans les Vosges, que la neige rendait impraticables. Il fallait, ou s'engager dans l'Alsace, ce qui était absurde : ou contourner les Vosges, pour se porter sur les voies ferrées reliant Paris et la France avec l'Allemagne. Mais, même dans cette hypothèse, la question de temps était tout. Les Prussiens avaient des lignes de ravitaillement multiples et fort éloignées : au besoin ils pouvaient vivre sur le terrain même. Et, de toutes façons, il était trop tard.

Ainsi, de quelque côté qu'on l'envisageât, l'expédition de Bourbaki n'a jamais pu, pendant un seul instant, produire un résultat utile. Mais il suffisait qu'elle se fît, pour que l'on y crût.

Cette foi naïve aux paroles du Gouvernement quel qu'il fût : ce refus de désespérer, où se révèle si bien le tempérament national, sont fort curieux à observer et très-caractéristiques. Mais une chose surtout résulte clairement de toute la guerre : c'est que le peuple français est une pâte malléable, et une mine féconde. En d'autres mains il eût fait merveille. En celles où il s'est trouvé, toutes ses qualités, tous ses sacrifices, tous ses efforts ne servirent qu'à frayer la route, qui conduisit la France aux traités de 1871.

Il faut ajouter aussi qu'à toutes leurs erreurs diplomatiques et militaires, les hommes qui présidèrent aux événements en joignirent une autre, plus grande encore, s'il se peut : c'est d'avoir cru qu'il suffisait de changer la forme et le nom du gouvernement pour exciter un mouvement national, et faire surgir des hommes, comme dans la première République. Il y faut autre chose. La forme du gouvernement est secondaire ; elle n'est tout au plus qu'un moyen. Il n'y a de révolution politique vraiment populaire, solide et durable, que celle qui est doublée d'une réforme sociale correspondante.

Les changements purement politiques ne profitent qu'à ceux qui les font ; les réformes sociales seules profitent à tout le monde. En 1792, la Nation combattait pour elle-même : chacun était directement intéressé au succès. C'était un changement complet de lois, d'institutions, d'hiérarchie, de croyances, de mœurs, de tout ce qui constitue l'organisme d'une société ; chacun y était pour sa personne et pour ses biens.

Mais en 1870-1871, rien de semblable. Avec l'Empire parlementaire, on eût eu M. Thiers ; avec la Royauté parlementaire, encore M. Thiers ; avec la République parlementaire, toujours M. Thiers, toujours le Parlementarisme, toujours les mêmes hommes et les mêmes institutions. La forme seule, l'étiquette changeait : le fond restait le même. Cela n'est pas suffisant pour soulever, pour passionner, pour enflammer une nation. Il y paraîtrait bien à l'occasion, si, ce qu'à Dieu ne plaise, un avenir prochain réservait à la France de nouvelles épreuves.